ブックレット《アジアを学ぼう》59

ジープニーに描かれる生

フィリピン社会にみる個とつながりの力

西尾善太

風響社

ジープニーに描かれる生——フィリピン社会にみる個とつながりの力

西尾善太

はじめに

1　ジープニーという不思議な乗り物

フィリピンをはじめて訪れた二〇〇九年の夏、ニノイ・アキノ国際空港を出て、タクシーをつかまえる。車窓から人々が道路脇に腰かけ、子どもたちが群がって遊んでいる様子を間近に見ていると、ジープのような派手な大きな車がアクセルとブレーキを繰り返しながら走り抜けていく。それは荒々しい運転と派手な見た目とは裏腹に、とてもこの街に溶け込んでいた。

この不思議な乗り物はジープニーという（写真1）。ジープニーはいわば小型路線バスだが、その存在は非常にユニークである。その車体に描かれたグラフィックは、人々の目を惹きつけてやまない。そのグラフィックは一台一台が異なる。それは個別のオーナーが所有し運行しているためだ。ジープニーは個人が支える公共交通機関なのである。そのため、この路線バスには時刻表もないし、決められたバス停もない。しかし、イロイロ島で育った友人は、村のジープニーについてこう語った。「ぼくの村では一台のジープニーが街と村をつないでいる。夕方になる

写真１　派手な装飾がされたジープニー（筆者撮影）

と市場で全員を待ち、それから村に帰るんだ」。その村に住む人にとって、〈その〉ジープニーが人々の生活を支えていることがよくわかる。時刻表やバス停といった整備されたシステムとは違うかたちで走っているのだ。一方で、ジープニーはフィリピン文化のアイコンのようにも扱われている。フィリピンの旅行ガイドブックを見てみれば、南国の海、カトリック教会などとともに描かれる。それほど、フィリピン人にとっても、観光客にとっても特別なものなのだ。

それだけではなく、ジープニーはアーティストをも惹きつける。フィリピンの映画監督であるキッドラット・タヒミックは自らドライバーを演じた『悪夢の香り（Perfumed Nightmare）』（一九七九年）でジープニーに乗って村から都市へ、そしてヨーロッパへと世界を駆け抜けていく。外の世界に憧れた彼は、隔てられた場所をジープニーとともに越えて、真の自分を見つけ出す旅をする。フィリピン人の手で生み出されたジープニーという乗り物は、外の世界へ結びつける役割が与えられていた。このように、ジープニーは人々の日常を支えるどこにでもあるインフラでありながらも、同時にフィリピンの象徴とも言える重要な文化やアイデンティティでもある。

マニラに慣れ親しむとは、このジープニーを自在に乗れるようになることかもしれない。人々が日常的に利用するこの小型バスは、側面に路線の行き先が描かれ、フロントガラスにもサインボードがさげられている。私がはじめてジープニーにひとりで乗れたのは、二〇一一年に交換留学に来た時だった。近眼の目を細め近づいてくるジープニーのサインボードを読み、ドライバーに手のジェスチャーで乗りたいと伝える。ドライバーは手のひらをヒラヒラとして「もう満員だ」、フロントガラスに指を押し付け、それが三本なら「三人空いている」と示す。たかだかバスに乗るだけでもコミュニケーションが必要な街なのだ。

いよいよ乗り込む。道路脇に寄せられた車両の後部に乗車口がある。奥に向かって両脇に長椅子が並べられ、乗客が膝を寄せ合い座っている。そのあいだを人の足を踏んでしまわないように気をつけながら中腰で進む。前の乗客二人がそれぞれ腰をずらして私の席を空ける。私も他の乗客と同じように膝を閉じ、できるだけ体積を小さくするよう努める。急加速して急停止、新たな乗客が乗ってくるとさらに体を小さくして空間をつくり出す。自分の目的地をエンジン音にかき消されないよう大きな声で伝える。伝わらなかったときは、ドライバーの近くの乗客が「〇〇だってさ！」と繰り返す。運賃は隣の乗客から隣へとリレーのように運ばれていく。そしてお釣りも同様に返ってくる。首をすくめ、向かいの乗客のあいだから街を見て、いま自分がどこを走っているのかを確認する。そして「パーラ・ホ！（止まってください）」と言って降りる。ジープニーに乗ることは、人と関わり、コミュニケーションの最中に身を浸すことである（図1）。

本書では、このユニークで人々の生活を支えるジープニーを紐解いていく。それによって、ジープニーに宿るつながりの力を皆さんと共有したい。

図1　視線と声が飛び交う混雑した車内空間（出典：Abrera 1997）

2　剥ぎ取られる尊厳と名前

私が調査をはじめた二〇一〇年代のマニラでは、人々はより良い生活を求め、家族の幸福を願いながら海外へ出稼ぎに向かっていった。運良くお金を手にした人々は自家用車やマンションを購入し、はたまた子どもの教育に投資する。しかし、より良い生活を求めることは、時に疎外や搾取といった問題とも深く結びついている。

フィリピン人のあくせく働く姿は、日本に住む私たちにとっても決して遠い異国の話ではない。夜な夜な近所の人と酒を飲む際、「日本はいい国なんだろう？　お金もいっぱいもらえて」とかれらはいう。その都度、私は「いやぁ、そんなことないよ。朝の七時に家を出て、夜の一二時まで働いて、それを週六日する人だっているんだよ。ストレスがたくさんの人を自殺に追いやっているよ」と応える。この返答はかれらに故郷を離れて異国の地で働く親戚・友人のことを思い出させてしまう。だが、出稼ぎ者の送金はフィリピン国家の経済にとって、また家族にとって欠かすことができない。フィリピン社会の存続と成長は、遠く離れた海外で働く誰かの苦労や受難の上に成り立っている。

働くことは、自身の時間を企業や顧客のために売却する行為である。それによって賃金という対価を得る。この賃金は自家用車を買うことや住宅などに充てられて消費される。労働と消費を繰り返して私たちは日々を生きている。けれど、ふとした時、私たちの生は一体何のためにあるのだろうかという疑問が脳裏をよぎる。日本の過労死、またフィリピンの出稼ぎ者が過酷な労働を強いられるニュースを目にするたび、その人の尊厳や名前が剥ぎ取られることを考えてしまう。とても遠回りのように感じるかもしれないが、日本とフィリピンを行き来しながら私が抱えてきた疑問は、二〇一六年の夏に始めたジープニー研究の動機と深く結びついている。ジープニーの物語を掘り下げていくことは、フィリピン社会を影から支えるインフラについて、さらにそのインフラを支える人々の関係性を明らかにすることだろう。

本書ではジープニーの様々な側面のなかでも、とくに車両に描かれるグラフィックに着目する。その絵柄は千差万別だ。我が子の似顔絵の隣に幼いキリストと航海を終えた船あるいはノアの箱舟（写真2）、オーラを放つボブ・

写真５　アニメ『スラムダンク』はタガログ語に吹き替えられ、毎年再放送されているほど人気

写真６　祖国フィリピンで待っている最愛の妻と子どもたち、右端にはイエス
（写真２～６　筆者撮影）

写真２　我が子の似顔絵と幼いキリスト、航海を終えた船かそれともノアの方舟か

写真3　レゲエのスーパースター、ボブマーリーの肖像

写真４　両手から溢れんばかりの米とたくさんの野菜、食に事欠くことない豊かさのイメージ

マーリー（写真3）、たくさんの食べ物に囲まれて両手いっぱいの米を掬う姿（写真4）、フィリピンでも人気のアニメ『スラムダンク』の主人公桜木花道と湘北メンバー（写真5）、最愛の我が子と妻が破顔している様子（写真6）など、幾つもの他人の夢が眼前を横切るような光景だ。調査をはじめた当初、私はそのまとまりのないグラフィックを眺め、「一体これは何を表しているのか、何のために描いているのか、しかも結構な額のお金をかけて……」と理解できなかった。とても派手ですぐ目につくのにもかかわらず、それが何なのかわからない。諦めて、ジープニーの調査が終わりに差し掛かるまでこうした疑問は脇に置いた。しかし、フィールドワークのなか、日々ジープニーの助手席に座ってお釣りを数え、かれらとともに酒を飲み、話を交わすうちにそのグラフィックの意味合いは、描かれる以上のカラフルさで私の眼前に現れはじめた。それは、自身の誇り、異国の母から贈られた品、妻との複雑な関係といったものだ。グラフィックは目の前に在りながらもそれが指している意味はかれらの生のなかに閉じられている。けれども、この社会に深く身を晒していくことで徐々に立ち現れてくる。描かれているものが千差万別なのは、かれらの生が一つとして同じではないからだろう。どれもがジープニーのオーナーとかれらを取り巻く人々の生と分かち難く結びついているのだ。

一　使い捨て可能な生と断片化する社会

1　送られる金で膨張する経済／消費

ジープニーのグラフィックが人々の生と切り離せない以上、かれらの生がどのような環境に置かれているのかを理解する必要がある。まず、現代フィリピンにおいて人々を取り巻く状況をみていこう。

フィリピンと聞くと貧困やスラムといったイメージを持つ人も多いかもしれない。たしかにそれは現実の一部である。しかし、実のところフィリピン経済は急激な速度で成長を遂げている。ＧＤＰの成長率は二〇一〇年から二〇一九年までの一〇年間で平均六・四％を記録し、平均年齢は二六歳、日本の四七歳と比べて多くの若者で構成されている。かつて「アジアの病人」とまでいわれたフィリピンは安定した経済成長が期待される一国となっている。マニラの街に目を向けてみよう。本書の舞台となるマニラ首都圏は一六市と一町からなり（図2）、その人口は一三四八万人（二〇二〇年）に達している。世界でも有数の巨大都市だ。マニラの中心には高層ビルや大規模なショッピングモールが建てられ、郊外には富裕層向けの分譲住宅も広がっている。河川沿いや線路沿いなどには貧困層が暮らすスラムも隣接している。カメラを向ければファインダーには豊かさと貧しさが同時に収まってしまう（写真7）。朝夕の通勤ラッシュは日本の満員電車に負けないほど過酷であり、そのなかを人々は懸命に働いている。かつて高度経済成長を経験した時の日本のように、フィリピンも急激な社会の変化を経験している。皆が豊かな未来に向かって全力疾走している、そんな空気感だ。

　この変化を生み出す原動力はとめどなく繰り返す出稼ぎ労働者の流れだろう。フィリピン経済における海外からの送金額はＧＤＰの一〇％を占め、さらに移民労働者も人口の一〇％、つまり一億人のうちの一〇〇〇万人が海外にいる。世界有数の移民送り出し国家であるフィリピンは、フィリピンの外と結びつくことで経済成長を続けているのである。海外出稼ぎという選択肢は、一九八〇年代に生じた経済危機のなかで国家政策として打ち出された。不況によって仕事がないフィリピンではなく、外へ出て行って外貨を稼いでくることが奨励されたのだ。現在では一〇〇カ国以上に渡航し、かれらの送金額は

図2　マニラ首都圏の地図（筆者作成）

写真７　手前のスラムと奥に見える高層ビル群（筆者撮影）

二〇〇〇年と二〇一九年のあいだで六九・六億ドルから三三五億ドルへと劇的に伸び続けた。国内ではフィリピン海外渡航庁という国家機関が海外の雇用需要を調べ、それに即した訓練や資格を提供することで移民をつくりだしている。こうしたフィリピン国家による積極的な労働者の輸出は、国民の売買を仲介するブローカー国家として批判もなされている［Guevarra 2009］。

出稼ぎにいった人々は様々な方法でフィリピンに物資を、金を送り続ける。そうした金によって農村ではコンクリートの豪華な住宅が建ち、都市でも高層マンションや自家用車が購入される。先に述べたマニラの景観は人と金の循環によってかたちづくられてきたのであった。多くの出稼ぎ労働者は一度海外に向かったらその後、なんどもその動きを繰り返していく。ちゃんとした住宅の次には、子どもを良い学校へと入れるため働く。兄弟の学費を工面することも珍しいことではない。出稼ぎの流れは、マニラの景観を変え続け、またかれらを出稼ぎと消費の循環に晒し続けるのだった。

一四歳のスラム出身の子と高架鉄道に乗っていた時、彼は車窓から見える高層マンションを眺めて「いつかあの街に住むんだ」と口にした。大雨の度に洪水するスラムではなく、光り輝くあの街に住みたいと――そういう欲望は幼さを残す彼のなかにも宿っている。

この出稼ぎと消費のもたらす影響は、都市景観をつくり変える以上の結果をもたらしている。一つ目は、この移動と消費がつねにグローバルな経済政策と結びついており、安い労働者として自らの生命を危険に晒してしまうことだ。そして、二つ目は、人々がますます労働によって家族や親族のために身を粉にして働くとき、人々を結びつける社会のなかのつながりが断片化し、失われていってしまうことである。本書がジープニーを取り上げる理由はこの二つの問題を考えるためだ。まず一点目に目を向けていこう。

2 「ここでは人間は安い」

フィリピンは現在、グローバリゼーションの只中にある。もちろん日本で暮らす私たちも同じだが、その強度は異なっている。フィールドワークをしていると夜な夜な近所の人たちと酒を飲むことになる。他愛もない話のなかにかれらの置かれた状況が滲み出てくる。たとえば、二〇歳になったばかりの青年が「Ang mura, tao dito sa Pinas」という。「フィリピンでは人間が安い」という意味だ。彼は高校を中退し、田舎からマニラに住む兄の家で居候しながら建設現場で働く。そんな彼にとっても海外にいくことは遠い選択肢ではない。「いまここ」は、海外という場所と比べると決して満足のいく収入を彼にもたらさないことが認識されている。その場にはサウジアラビアで溶接工として働いていた三〇歳過ぎの男性も同席していた。彼もかつて青年と同じように考えて海外へ働きにいった。しかし、たいした金を貯めることもできず帰ってきた彼は、製氷のデリバリーとして日中働きながら北欧への出稼ぎを待っている。毎夜毎夜、健康診断のために金が必要だ、次はこのドキュメントに金が必要だと私に話しかけてくる。ふたりの間には一〇歳の差がありながら、どちらもこの国ではないどこかを目指している。なぜならこの国では人間が安いからだ。この国はかれらのような大学教育を受けていない人材を評価してくれない。

私の好きなマニラのインディーズバンド、スリーピーヘッズ（The Sleepyheads）にこんな曲がある。

安いビールが排水溝に流れ込む土地で
萎《しな》びた串焼きが飢えた者を生きながらえさせる

貧乏人は失業と飢えで太っていて　私はそうならなくてラッキーだ
奴隷のような生のなか、安い学校で勉強して卒業証書を手に入れるんだ
海外へ行くんだ　クズがドルになるところ　貧困がぼくを捕らえる前に
カナダ、マニラから救ってくれ　アメリカ、マニラから救ってくれ　アラビア、マニラから救ってくれ
もしぼくが届くのなら……
かれらのような暮らしを夢みていた　安い安いぼくの名前がパスポートに載っている
いつかぼくは高くなる　生き方を変えよう

『Save me from Manila』と題されたこの曲は、今を生きるフィリピン人の世界観をうまく捉えているようにみえる。この歌の後半で、とうとう海外に出て行った彼は自分が難民になっていることに気づく。違法な仲介者が彼をカンボジアに送ってしまった。それでも彼はマニラにいたら自分は人間じゃない、カンボジアは彼をマニラから救い、人間にしてくれたんだと感謝している。

一九七〇年代にはじまった出稼ぎ労働者の送り出しは、一九八〇年代末からさらに本格化した。その過程で、政府は国家建設の重要なプレイヤーとして出稼ぎ労働者を位置づけた。出稼ぎ労働者を「新しい英雄（Bagong Bayani）」と呼び、家族のため、国家のために汗水垂らして働くかれらは現代フィリピンの理想像の一つとされた。〈サクリフィショ〉という自己犠牲を意味するタガログ語は、海外でのキツい労働を自分ではない家族や国家のために受けいれる受難者のイメージとあいまって道徳的な主体を生み出している。しかし、すべての出稼ぎ労働者が成功者になれるわけではない。サウジアラビアにいった彼のような「英雄」になり損ねた人もおり、また「英雄」になることを望む青年のような人もいる。一方で、歌詞に歌われているようにフィリピンにいる限りチープ

な人間でしかない。フィリピンのグローバリゼーションは宗教的な受難者といったローカルなイメージと安い人材を求める経済体制のあいだで発展してきたのである。

英雄や受難者といった耳当たりのよい言葉はなにか大事なことを覆い隠す。それは、かれらを待ち受けている労働が「誰でもよい」といわれる仕事、あるいは「誰もしたくない」と思う仕事ということだろう。出稼ぎ先となる先進国において、かれらは搾取的な構造に置かれてしまう。ここにフィリピンの一つ目の隘路《あいろ》がある。

フィリピン国内では、かれらは高く価値づけられることはない。さきの歌詞に出てきた青年のように労働者は自らの価値を高めるために海外へ向かう。だが、そこには過酷で人格を無視した労働が待ち構えている。そして一度出稼ぎを始めると、その循環から抜け出すことは難しく、何度も自らを厳しい労働環境へと投じることになる。フィリピン研究者のネフェルディ・タディアーは、こうしたフィリピン人海外出稼ぎ労働者が「使い捨て可能な生」を生きていると指摘する［Tadiar 2013］。家事労働者は自分よりも価値ある先進国の人々に快適さと時間を生み出すための機械のようだと彼女はいう。自分に代わってなんでもしてくれる便利な機械は、ちょっとしたミスをすれば交換・廃棄されてしまう。労働者の価値は、雇い主のさじ加減一つで変わってしまうあやうい立場に置かれている。こうした労働者の累積がフィリピン経済を押し上げているのだ。

フィリピンのこのような状況は日本で生きてきた私にとっても無縁のことではない。すでに決められた物差しのなかで最善を尽くすことは尊い。けれども時に、その物差しは私たちをより逃げ場のない状況へ追いやっていく。仮にその物差しのなかで「勝ち組」に属することができたとしても、その勝者の証は良い車や良い家や子どもの学歴などのかたちでつねにすでに囲い込まれている。いい車、いいマンションを得ることは、海外で得たかれらのお金を再びグローバル企業へと循環させる。フィリピン社会を一〇年ほど見続けてきた私には、この社会がどこか日本社会に似通ってきているようにも思える。私たちもかれらも自分を表現する場を欠いている。まさにここに一つ目の隘路があり、私がジープニーをみなければと思うのも、強烈なグラフィックは資本主義の囲い込みと隘路のなかで自身を表しているように感じるからだ。つまり、資本主義に強固に埋め込まれた社会において、代替可能で使い捨て可能な労働者ではなく、みずからを表現し表す一つの方法がジープニーのグラフィックにみてとれるのではないだろうか。

3　断片化するフィリピン社会の現在地

一つ目の隘路はフィリピン人の労働や生き方が搾取的な構造に置かれていることであった。一方、二つ目の隘路は断片化による社会の喪失ともいうべき状況にある。

公共インフラの面からみれば、国家は国民に最低限の公共サービスすら提供せず、人々は自助努力で困難な問題を解決しなければならない。解決策は個人、あるいは各家族によってなされるべきであり、その際、「私たち」の社会的問題して向き合う関心は消失してしまう。それを象徴する出来事が二〇一九年九月にあった。

その月、高架鉄道が相次いで故障した。マニラの都市住民は悪化し続ける都市交通の状況から、民間セクターによる管理問題と政府の交通政策を「交通の危機」とＳＮＳで批判し、活動家はデモを行った［PS 2019a］。世界の最終戦争を意味するハルマゲドンをもじり「カルマゲドン（carmageddon）」と呼ばれる交通渋滞はマニラの日常となっている。デュケ保険長官は「ロザリオを握り、祈りを唱えてください。そうすればストレスを緩和できる」と「地獄への旅」と称される通勤・通学における対処法を説いた［PS 2019b］。公約に掲げられたインフラ事業は、人々に優れたモビリティを提供し、公共サービスの保障を約束していた。しかし、大統領首席法律顧問サルバドル・パネロは、「交通に問題があるが、交通の危機は生じていない。これまで五時に出ていたら、四時に出勤すれば良い」と、公共サービスの危機を個人が解決する問題に転嫁した。政府は公共交通の改善を放棄し、都市住民は自家用車を購入することで地獄とも危機とも呼ばれる交通を避けようとしている。交通渋滞の改善には、共通問題に対する集団的アプローチが必要となるが、個人で取られる解決方法が渋滞をますます深刻化させている。

交通の危機に対して、Facebookでは「フィリピン政府はすでに、国民のために奉仕しケアするそぶりすら放棄している。……政府が一貫して仕事をしないからこそ、レジリエンス（我慢強さ）とディスカルテ（狡賢さ）が私たちに求められているように感じる。政府の失敗はあまりにも常態化しており、人々は集団抗議ではなく、我慢することに慣れてしまった。だから、私たちはストレスに耐え、家族のため、生存のために犠牲を払い続けている。家族は（むしろ国家や社会よりも）帰属の主要な単位となり、願望の原動力となる」という投稿がなされた（二〇一九年一〇月一五日の投稿）。先の労働者たちが海外へと向かうのも、この投稿が象徴するように、断片化する社会においてより良い生活を家族にもたらすためである。身を削って働き、使い捨てられてしまうかもしれない仕事を引き受ける。しかし、その努力は家族や親族を助ける解決策でありながらも、より社会を断片化し、喪失する原因にもなっている。

この二つの隘路を打開するために必要なことは何であろうか。グローバリゼーションによって高まる競争のなか、自らの生命を危険に晒してしまうことなく、いかに人々のあいだで協力したり、社会を良くしていこうという本来あるべき（断片化していないという意味での）つながりを保持できるのだろうか。

ジープニーは、都市において社会と人を結びつける生活インフラであり、こうしたつながりを提供しうるのではないだろうか。日本の市バスにおいて運転手はバスの運行に責任を持つが、かれらの社会関係はバス会社や同僚とのあいだに限定されていることが多い。一方で、ジープニーは、様々な社会関係と結びつき、メンテナンスや日常実践によって都市全域を網羅するネットワークを形成しており、人々の活動が集合的な生を支えている。

いわばつながりの縮図とも言えるジープニーをとりあげることで、フィリピン社会の二重化した隘路から個人と社会を結ぶつながりの力を考えなおしてみたいのである。

◆コラム1——帰郷

台北からマニラへのフライト。たった二時間に満たない近い国。

隣の席はフィリピン人の女性だった。その隣に座る男性もフィリピン人で、女性は敬語ながら男からの質問に答えていた。よそよそしいけれど、故郷への帰省を控え、何かを共有している。

「台湾では何を?」

「看護師を」

「どのくらい帰ってない?」

「二年間」

「今回のバケーションは長いの?」

「一月末まで」

「出身は?」

「ダバオです」

マニラの交通渋滞の様子(筆者撮影)

「国内便に乗り換えだね」

とそんな会話をしていた。

早朝の便で急激に睡魔が襲い、私の記憶はそこで途絶える。

着陸寸前に眼を覚ました。

機体がフィリピンの地と接し、停止した時、隣の女性は俯き、祈るように手を組みながら
「Filipinas」「Filipinas」

と二度、小さな声でつぶやいた。

その声に私は深くひきつけられた。とても感傷的だけど、きっと多くの出稼ぎ労働者が感じるフィリピンへの感情がそこにあって、自由に、自分の気持ちで移動できる私と彼女の間の差異が明確にあった。

モビリティが高く、どこへでもどこまでも出かけていくかれら、かのじょらのよくわからない感情の一部に触れたような気がした。

（二〇一八年一月八日の日記）

田舎の住宅（ボホール島、筆者撮影）

二　社会を結びなおすジープニー

1　マニラの死とジープニーの誕生

ジープニーは、いつ、どこで、誰の手により生み出されたのだろうか。それは、戦火で廃墟となったマニラから人々の手によって生み出された。ジープニーの軌跡は戦後マニラの急激な変化を示す対象であり、同時にその原動力でもあった。一九四九年の『フィリピン・フリー・プレス』紙は戦後マニラの光景を以下のように伝えている。

第二次世界大戦前には路面電車やバス、そしてコチェロ（馬車）が交通を支えてきたが、「今では、道の王はびゅーんと駆け抜けていく〈やつら〉、ジープニードライバーだ。かれらが道のご主人様だ、この街の隅から隅まで」［PFP 1949］。

ジープニーの歴史を繙くと、植民地支配によって形成された社会が崩壊した後、都市に住む普通の人々によって徐々にマニラが再生の道を歩んでいったことがみえてくる。

意外に思うかもしれないが戦前のマニラは「東洋の真珠」と呼ばれるほど整備された近代都市だった（写真8）。スペインに代わってフィリピンを植民地支配したアメリカは、未開の状態に取り残された同胞（フィリピン人）に進歩と近代化を約束することで支配を正当化した。アメリカ人建築士であるダニエル・バーナムは都市計画を立案し、その計画に沿って公衆衛生、電気・上下水道、そして路面電車・バスが導入された。アメリカ植民地期のマニラは、他のアジアの都市と比べても美しく秩序立っていた。しかし、この美しい都市は、アメリカの理想を描き出すキャンバスのようなもので、統治のもたらす搾取や暴力を覆い隠すベールでもあった。このように二〇世紀初頭のマニラでは、支配者であるアメリカの思い描く望ましい社会を実現するべく様々なインフラやテクノロジーが用いられたのである。

アメリカ植民地期は、インフラによって人々の生活を支えるとともにその振る舞いや習慣を変化させることで新しい社会に相応しい人間を生み出そうとした時代だった。進歩と近代化は、都市という環境を整備することでそれに相応しいフィリピン人を生み出すことと直接的に結びついていた。たとえば、アメリカ植民地期の交通における公衆衛生の条例では、車内で唾を吐く習慣を弾圧し、交通の担い手である車掌を「一六歳以上の年齢で、知性と善良な性格を持ち、感染症や伝染病にかかっていない者」に限定し、そうではないものを排除した［Malcolm 1908: 283］。植民地支配の目指す社会とは、特定の価値や規範を称揚し、それに抗するものを切り捨てる。上記の車掌のように、造り出されつつあった新しい社会には、それにふさわしい人間とふさわしくない人間の線引きがなされていたのだった。病を患う者、教育を受けていない者、従わぬ者、野蛮とみなされる者は、矯正の対象となるか、その外部へと蹴り出された。路面電車やバスといった交通機関も、社会に馴染むべく人々に習慣の変容を行い、従順な人間を作っていく装置のような性質が備わっていた［Pante 2014］。しかし、こうして築き上げられた「真珠」のように美しいマニラとその社会は太平洋戦争の幕開けとともに失われてしまう。

一九四二年一月、日本軍がマニラを占領した。日本軍の占領は、マニラの景観を徐々に変容させていく。とくに一九四五年二月三日から三月三日まで日本

写真 8　1920 年頃のマニラ（写真提供：John Tewell）

軍とアメリカ軍を中心とする連合軍の間で繰り広げられた戦闘による被害は甚大だった。一九四五年二月当時、マニラ市内には約七〇万人のフィリピン人市民が残っていた。市街戦による死者は、日本人一万二〇〇〇名、アメリカ人一〇一〇名、マニラの市民一〇万人に及んだ。ワルシャワに次ぐ被害を被った都市としてマニラは数えられる（写真9）。マニラの解放をめざすアメリカ軍は、コンクリート建造物に立てこもった日本軍に徹底的な攻撃を行った。そのため城壁都市イントラムロス、政府庁舎、大学施設、教会など多くの建築物は破壊され、また交通インフラも深刻なダメージを被った。

歴史家ダニエル・ドッパーは、マニラ市街戦の壊滅的な被害について、日米による戦闘ではなく、占領がもたらした食糧供給網の根本的な破壊から読み解いた［Doeppers 2016］。彼によれば、日本軍は主要な道路に検問を設置することで地方とマニラの流通を管理し、マニラを支えてきた地方との食料供給網を変化させた。劣勢に追い込まれるにつれ、日本軍は食料や車両を徴収したため、コメ不足、食料輸入の中断、公設市場の機能停止が起こった。住民は空き地を家庭菜園に変えるなど対応策を講じたが十分な食料を確保できず、急激な物価の上昇により状況は悪化の一途をたどった。この食糧危機の深刻さは「戦前には人間が野良犬を避けたが、今では野良犬が人間を怖がって避ける」と、犬ですら食料として扱われるほどであったという［Doeppers 2016: 322］。食料供給網の破壊が飢餓を生じさせ、多くの市民が犠牲となり、「マニラの死」へと至ったのである。

飢餓の発生は、モノや人の移動を支える交通・流通インフラの停止を意味する。路線バス車両、地方とマニラを結ぶ長距離トラック、自家用車などは軍事利用のために徴用された。さらに市街戦は路面電車、バス車両も破壊した。当時マニラ市長だったラモン・フェルナンデスですら「金は十分に持っていた。しかし、移動する手段がなかった」と述べていたほどで、ましてや一般の人にとっては移動手段の確保は不可能であり、人々は食料を得るために何時間も歩いた。人々の生命を維持し、健全な生活を行うためのサービスを提供するモノの集合体がインフラと呼ばれる存在であり、インフラは集合的な生を支える社会基盤である［Larkin 2013］。都市インフラの全面的崩壊は、集合的な生を危機に晒し、飢餓を引き起こしたのである。都市が人口を支えるためには、効率的なシステムとネットワークとしてのインフラが不可欠であり、飢餓とはその崩壊によって人々の生命維持が不可能になる状況を示した。

インフラが人々の生活に不可欠なサービスを提供するネットワークだとすれば、人々の日常においては一日であっても欠かすことができない存在である。そのため、日本軍による植民地期のインフラの破壊は、復興によって新しいインフラを再建するはじまりでもあった。そして、ジープニーはこの焼け野原から人々の手で生み出されたのである。

市街戦が終結し、マニラ市内の交通が再開するのは一九四五年五月初旬であった。戦前に都市交通を担っていた路面電車と都市バスを運行していたマニラ電鉄電灯社（一九〇三年に設立されたアメリカ資本による民間企業、都市交通と電力供給を担った）やオスメーニャ大統領によって支援を受けた半民半官のメトラン（Metropolitan Transport Services）が交通サービスを提供していた。アメリカによる復興支援もあり、終戦直後はフォーマルな機関が交通を管理していた。だが、設立当初から運営の非効率性が指摘されていたメトランはたった一四ヶ月間で停止し、マニラ電鉄電灯社も戦争で破壊された路面電車の放棄だけでなく、一九四八年にはバス事業から手をひき、交通セクターから完全に撤退した。このようなフォーマルな機関や企業が交通セクターから手を引くなかで、小規模事業者による交通サービスが徐々に拡大しはじめた。

マニラ電鉄電灯社やメトランが交通から手を引いていくなか、復興に伴

写真９　市街戦で焦土となったマニラ（写真提供：John Tewell）

う人々の移動の需要は高まっていく。その穴は小規模事業者によっても補われるようになった。物資の圧倒的不足のなか、戦後直後から自家用車やトラックを改造した小規模事業者が交通サービスの不足を補うかたちで参入した。このような小規模事業者は、未登録の自動車の利用や、高額な運賃を要求するなど悪質な業者の場合もあり、政府による統制が求められた。一九四五年七月一〇日、公共事業委員会は、交通サービスの運営希望者に対し、八月一〇日までに運営許可の申請を行うよう呼びかけ、軍やマニラ電鉄電灯社だけでなく、交通インフラの復興に向けて民間や個人も参入していく。公共事業委員会は、交通サービスの供給と統制の問題に対し、事業者の車両を登録し運営権を発行することで解決を試みた。

小規模事業者の交通セクターへの参入を後押ししたのが、軍から払い下げられたジープの存在だった。第二次世界大戦で広く活躍した軍用車両だ。アメリカが日本からフィリピンを取り戻すため、ジープを含む軍事車両が大量に投入された。アメリカによるフィリピンの解放というシナリオは、ジープに乗ったアメリカ兵のイメージとともに到来したのであった。戦後の冷戦構造において沖縄と同様に大規模な米軍基地がフィリピンには設置された。ジープは戦争後も走り続けており、米兵と関係を持つ女性はジープガールとも呼ばれていた。ジープに乗った米兵が連れまわす女性、売春に携わる女性を意味していた。

このジープであるが、一九四五年一二月中旬から対外清算委員会と余剰資金委員会によるオークションで競売にかけられ、マニラの市場に出回るようになった。取引額は車両が一五〇〇ペソ程度（一九四五年のレートでは二ペソが一ドル換算、一ドルは一五円に相当）でさらに交通事業用車両へ改造するのに五〇〇ペソほどであった。一九四六年二月頃のマニラ・タイムズの広告欄では、ほとんどすべてがジープの売買やその改造に関するものであった。そのことはいかにジープの取引が重要な市場だったのかを示していた。軍政と市街戦により植民地期の交通インフラが破壊されたため、交通サービスは住民により希求される需要の高いセクターであり、人々は私財を投入して参入するようになったのである。なかでも、ジープは流入量が多く、部品も潤沢に流通しており、修理・改造が容易なため重宝された。そして、ジープはジットニーと呼ばれる乗合バスの形態と結びつき、ジープ・ジットニー（jeep-Jitney）と呼称され、一九四六年七月には短縮されジープニー（jeepney）として定着した（写真10）。アメリカによってもたらされたジープは、ローカルな人々の手で戦争とは異なる目的を与えられたのであった。一九四六年七月四日に独立したフィリピンであるが、ジープニーはこの国の独立とほぼ同じ長さの歴史を共有している。

写真 10　1950 年代のジープニー（写真提供：Romy Boy Camarce）

2　都市を乗りこなし、社会を結び換える

戦後は動乱の時代だ。東京、マニラ、ベルリン、焼け野原と瓦礫のなかで人々は生きるためにあらゆる策を講じる。物流が滞り、価格統制が設けられるなかで闇市が立ち並んでいき、落ちた橋は船渡しによって結びなおされる。大戦後に東京が生まれ変わったように、アメリカの手でかたちづくられてきたマニラも、その死とともに再び新たな生を宿していく。

植民地期の路面電車やバスの車掌は秩序だった社会の守護者だった。日本の鉄道車掌のように時刻表通りに人や物資を運び、社会を駆動させる。都市の流れを支えるかれらは、アメリカの描く近代都市マニラを運行する人々でもあった。しかし、ジープニーの流れは、そのドライバーたちは、マニラの秩序を、社会のあり方を変えていく。こんな記事が雑誌に掲載された。

パリ、ニューヨーク、東京の向こう見ずなタクシードライバーの話を耳に

写真11　イエス像とサンパギータの花束（著者撮影）

します。ですが、世界最高のドライバーであるマニラのジープニードライバーには敵いません。……緑のライトが点滅したら、ジープニーにしっかりつかまってください。ドライバーがレースをしているのかと思うほどの猛烈なスピードで加速していきます。息を止めてください、彼は時間との戦いの真っ只中にいるのです。日が暮れるまでに、彼は〈バウンダリー〉を越える収入を得なければなりません［PFP 1962a］。

この「バウンダリー」とはジープニーにおける車両賃貸借関係を意味する。ドライバーはバウンダリーと呼ばれる定額の利用料をオーナーに支払い、自身の運転によって稼ぎを得る。つまり、できるだけ多くの客をできるだけはやく捉え、稼ぎを増やしていく出来高制である。バウンダリーによってドライバーは、ガソリンの消費を最小限に抑え、乗客を最大限に載せるために街角で客待ちをし、前を走行するジープニーを追い越して路上の乗客を取ろうとする。乗客をめぐるドライバー間の競争やかれらの運行方法は渋滞の原因となり、時に深刻な事故を引き起こすなど交通の秩序を乱すようになった。マニラ市交通局は、制御不可能なジープニードライバーたちを「野獣」、「悪魔」などの蔑称で呼んだ。ジープニーの出現に伴うバウンダリーという新たな働き方は、路上を競争のアリーナへと変貌させたのだった。

ドライバーたちは収入を最大化するために追い越し、逆走、急な路線変更、急停止・急発進など交通違反を犯すようになった。本来であれば警察や交通局の巡査はこのような交通違反を取り締まる存在である。だが、ジープニーは交通の管理者をも飼いならしていく。一九六二年の雑誌では、ジープニーの運行をめぐる賄賂についてのエピソードが掲載された。ある熟練ドライバーは稼ぎが少ないと愚痴をこぼす新人ドライバーに対して「おれの路線のサンパギータ（フィリピンの国花）の行商人は、毎日、三糸のサンパギータの花を手渡す。おれは〇・五ペソを花代として支払う。〇・二ペソは警察へと流れる。だからサンパギータの金を支払っている限り、おれは大丈夫だ。警察に捕まることなく交通違反をすることができ、多くの金を稼ぐことができる」と真面目に交通規則を守るようではダメだと説明する［PFP 1962b］。つまり、花売りの行商人は警察への賄賂を代行している。車に飾られた花がその「支払証明書」になっている（写真11）。

この記事では、警察への賄賂がジープニーを運行する上で一つの技法として位置づけられている。ジープニードライバーは、国家の管理する交通秩序に介入し続けてきた。ジープニーはその運行が法を犯すものでありながらも、都市交通のあり方自体をかれらのやり方によってインフォーマルに再編したのである。いわば、ジープニーという交通インフラに合わせて、賄賂という袖の下がドライバーと警察を結び、新たな交通の秩序が現れてきたのだった。そして、必要であればかれらは国家と戦うことも厭わない。たとえば、一九七一年一月八日から一月一三日にかけてマニラ首都圏の都市交通は停止した（写真12）。雑誌は「アナーキー化したマニラ」の見出しのもと、その様子を「ジープニードライバーとその支持者は、早朝のタフト通りとエスパーニャ通りに一塊となり、マラカニャン宮殿へと歩き出した……ジープニードライバーは関税とガソリンの値上げに抗議し、一週間にわたって懸命に戦っている。休校になった学生たちがこのラリーに合流し、この抗議を支持した」［Mirror 1971］。

写真12　ストライキ（出典：Mirror 1971）

現在まで続くバウンダリーは、働けば働くほど稼ぐことができ、またいつ運行するのか、交通規則を遵守するか否かといった点でも本人の自己裁量に委ねられている。フィールドワークの際、ひどい交通渋滞を眺めながら、これからどうするのか尋ねると、あるドライバーは「今日は渋滞が特にひどい。ガソリンがもったいないから家の近くまで客を乗せ、そのまま帰る」といい、別のドライバーは「親戚が家に来るから帰る」あるいは「家賃の支払いが明日なんだ。だから今日は稼がなければ」、「嫁さんと子どもを助手席に乗せて、のんびり話しながら運転するさ」といった十人十色な返答がやってくる。渋滞は多くの乗客が路上にいることを示すが、同時に、渋滞に巻き込まれ、ガソリンを多く消費することでもある。いつ、どうやって運行するかは、個々のドライバーの判断に委ねられ、交通の流れをうまく読む者はより多くの収入を得て、うまく読めない者は少ない収入しか得られない。

こうした働き方は、ドライバーたちを危険な状況に置くこともまた事実であった。ジープニーのオーナーやドライバーの集いに行くと、被っていた帽子を手にとって歩き回る人がいる。彼の親しいドライバーが亡くなったのだ。亡くなったドライバーは四二歳。彼には七人の子どもがおり、養うために毎日一四時間から一六時間という無茶な運転を続けた。彼がどうなったかといえば、心臓発作により渋滞するジープニーのなかで亡くなった。彼と同じ路線を走るドライバーやオーナーは、メンバーで金を出し合い、彼の妻に一万ペソを香典として手渡した。この香典は、ドライバーが共有する路線やジープニーに関するつながりから捻出される。場合によってはその人と直接関わりがなかった者も、同じ境遇にいるからこそ帽子にわずかばかりの金を入れるのだった。大きな額ではないけれど、その金には明確な共感が伴っている。他にも高血圧や発作で亡くなるドライバーの話を聞く限り、多くの路線でドライバーは同様のリスクを抱えている。社会保障もないジープニーにおいて、かれらの家族を支えるのは、かれらの運転だけであるため、ドライバーは風邪を引いても抗生物質と痛み止めを飲んで運転する。

バウンダリーにみられる出来高制の働き方は過酷な労働環境に追いやられる出稼ぎ労働者の姿とも重なり合うも

のだ。しかし、単純に両者を同一視することはできない。バウンダリーにみられる働き方は、自己裁量に委ねられながらも様々な関係性に支えられているからだ。フィリピンを含む発展途上国では、日本のような社会保障や労災は多くの人には縁のないものだ。そのためドライバーとオーナーは、同じ路線を共有する仲間たちと相互扶助を目的とするゆるい組合をつくってきた。マニラ首都圏には、六七七路線（二〇一四年時点）が存在し、そのジープニーの各路線には独自の組合が一つ以上組織されている。こうした路線の組合は、政府や政治家がジープニーを排除するような政策をとるたびに団結し、またメンバーが事故や病気、あるいは死去するたび互いを助け合ってきた。

道の王と呼ばれたかれらは、踏ん反り返っているのではなく、日々様々な行為や交流から良くも悪くもかれらの生きるための場を作ってきた。ジープニーの存在は、オーナーやドライバー、その家族だけでなく、路上のインフォーマルな修理工、ジャンクショップ、交通整備のおっちゃん、はたまたジープニーに飛び込んでくる物乞いの少年たちにも開かれた空間とチャンスを与えていた。決して最善であるとはいえないだろうが、それは人々の知恵が集まってできたのである。本来は運行禁止日となっており、仮に運転した場合、多額の罰金を課せられるコーディングの日（一九九五年、交通渋滞の緩和を目的として自動車のナンバープレートの末尾の数字に基づいて運行禁止日が設けられた。公共交通車両であるジープニーもこの規制の対象となっている）においても、ドライバーのジェフは「大丈夫、大丈夫。境界を超えて隣街に入ったら捕まるけど、この街の中なら捕まることはない。あそこの交通巡査のことはよく知っているから」と運転する。走り終わってガレージで酒を飲み始めれば、勤務を終えた巡査は制服を脱いでタンクトップに短パンでやってきて共に酒を飲むのだ。

ジープニーを運転することはビヤヘ（biyahe）と呼ばれる。航海や旅を意味するタガログ語だ。かれらはより多く稼ぐために都市の流れをうまく読み取りながらそれを乗りこなし、そして自身も流れの一部となってきた。ビヤヘのあいだ、ジープニードライバーは半分寝ている。知覚を微細に開いて、環境の差異に対して目や身体を凝らすのではなく、身体がとろけだしてこの街の一部になっている。飛行中にあるいは水中で半球睡眠する渡り鳥やイルカのように。私は助手席に座り、時折お釣りを計算しながら渋滞のなかで彼の目が閉じようとする時、前方の車が進んだことを伝えようとするが、その瞬間には呼吸するように彼はシフトレバーに手をかけギアを入れている。私は眠らないようボールペンの先を手のひらにグッと押し付けている。なぜなら夕暮れの渋滞はエンジンからの熱気で意識が飛びそうになるからだ。彼は流れの只中にいて、私は流れないよう必死でしがみついていた。ある日、私もとろけ出したことがある、ジープニーのフロントガラスの風景が私と同化した、あるいは街が私となるような瞬間だった。そういう時間は知覚を感じない。ジープニーは関係に埋め込まれるだけでなく、関係を、人を、街を埋め込み、その内部へと包み込むのである。

上述してきたアメリカ植民地期から戦後への変化について、著名な小説家ニック・ホアキンは、「解放時に間に合わせで作られた浮橋やプレハブ建築などが、全面的に生活条件が正常に戻った後も撤去されないままになっていた。いや、こうした光景がむしろ正常な状態となり、廃墟、救援物資、やみ商売と同様に永久に続く世界の一部のように思えてきたのだった。「正常」にもどるということはなかった。なぜなら異常であることが私たちの生活様式になっていたからだった。その異常さは、解放というものがマニラに産み落とした主要な三つの奇怪な事象――ジープニー、バロンバロン（バラック小屋）、そして不法占拠者――となって現れた」と述べた。彼はジープニーについても「かわいらしい民衆芸術品としてほめちぎる向きもあるが、だからといって、これが公共交通機関として実用的でなく、頼みにならず、無秩序で、明らかに害悪」であると断定し、「気高く忠実なマニラは品がなく不誠実な都市になって」しまったと悲嘆した［ホアキン　二〇〇五：三六六―三六七］。

ホアキンの目にはうねりをあげながら変わっていくマニラの姿は輝かしいアメリカのつくりあげたマニラの喪失として映っていた。ジープニーは一時的な戦後の措置であり異常な存在のため、やがて正常なものによって代替されるはずであった。しかし、そうはならず、マニラの都市は、ジープニーとともにその社会基盤をふたたび結び直していったのである。

3　描かれるジープニーとジープニーに描く人々

ニック・ホアキンは戦後のマニラの変化を嘆き、そしてジープニーをこき下ろした。だが、それ以上にジープニーに魅了されたアーティストは遥かに多い。先のキッドラット・タヒミックの映画もそうした作品の一つである。おそらく一番最初に反応したのはナショナル・アーティストのヴィセンテ・マナンサラだろう。一九五一年、彼は密集するジープニー（写真13）を描き、「以前キアポ教会の前を通った時、ジープニーが渋滞しているのを見ました。そして、その美しさに感動しました。家に帰ると、まず鉛筆で軽く描き、それからエナメルとオイルを使って作品にしたのです」と答えている。

彼は、戦後マニラの活気を厳密に言語化されえない抽象画によって描き出した。それは、ネオリアリズムと呼ばれ、「いまだ具体的なかたちを伴わない」／「いまだ存在しない」フィリピンの姿を描こうという試みであった。ホアキンが無秩序を読み取る戦後マニラに、彼は新しい社会の可能性を見出していた。

ジープニーを描く一方で、マナンサラは「スラムのマドンナ」と呼ばれる作品も作り出した（写真14）。国際交流基金の鈴木勉によれば、第二次世界大戦によるマニラの破壊は「麗しい自然描写をいっさい放棄」することを彼に迫り、バラック小屋の前で幼児を抱いた母親の目はそ

写真13　Jeepneys（アテネオ・アート・ギャラリーで著者撮影）

写真14　スラムのマドンナ（出典：鈴木　2012: 149）

れをもたらした世界に対する告発を告げていると指摘している〔鈴木　二〇一二：一四四〕。だが、同時にこの絵画に得も言われぬ力強さが宿っていることも確かだろう。ホアキンが三つの奇怪な事象と呼んだジープニー、バロンバロン（バラック小屋）、不法占拠者は、大衆や民衆の困難な状況とそれ故の活気からフィリピンアートの重要な題材となっていったのである。なぜなら植民地支配のもとで表現を学んだ者たちは、戦後の独立、我がフィリピンを示すモティーフを模索していたからだ。フィリピンという国名は、七〇〇〇を超える島々からなるこの土地を発見したスペインのフェリペ二世から名付けられた。スペインの後はアメリカが庇護者の仮面を被った支配者としてフィリピンを統治した。日本軍による占領と第二次世界大戦が終結した翌年、一九四六年のフィリピンの独立は五世紀にも及ぶ支配からの解放を意味するものだった。だが、フィリピン人がフィリピンを治める時、「私たちフィリピン人とは何者なのか」というアイデンティティをめぐる問いに取り憑かれることになった。スペインを模倣し、アメリカから教育を強要され、こうした支配の歴史から自分たちの歴史、自分たちの社会をスペインでもアメリカでもないかたちで描いていかないといけない。しかし、否定され、矯正され、支配されることがその歴史であったフィリピンでは、一体なにをフィリピン人であることの証明とすればいいのだろうか。かれらの慣れ親しむものの多くは支配者からもたらされたものなのだから。こうしたフィリピンという国と国民を生み出していく運動もナショナリズムと呼ばれる。

いわば自らの自画像を求めるこの運動は、アーティスト、歴史家、政治家、活動家など多岐に渡った。かれらのまなざしは、ジープニーにそうした可能性を読み取っていたといえるだろう。たとえば、先のアーティストで映画監督であるキッドラットをみてみよう。彼は、ジープニードライバーとなることで自分のアイデンティティを作りなおすことを試みていた。キッドラットは、フィリピンではじめて女性の市長となったヴァージニア・オルテガ・デ・ギアの子息として生を受け、フィリピン大学を卒業後にアメリカのペンシルベニア大学で経営学修士号（MBA）を取得した。その後もヨーロッパでOECD（経済協力開発機構）の国際公務員としてキャリアを積んでいった。しかし、OECDの素人劇団で唯一のアジア人だった彼は「普通の白人」の役を与えられず、「死」の役を演じることになった。白いドーランを厚く塗りたくられ、彼の褐色の顔と肌は隠すべき、あるいはその場に相応しくないものとして拒否された［清水　二〇一三：九九］。これは彼のアイデンティティの葛藤に決定的な影響を与えたという。つまり、教育を受け、フィリピンのエリートとして育ち、競争社会の上層にいながらも、結局のところ二流の白人として差別され、あるいは自身の肌を否定されてしまう。植民地支配は、単に搾取や暴力だけの問題ではなく、人々の内面にも強力に作用する。白人を手本として、白人の物差しで自らを評価する限り、フィリピン人とは二流のアメリカ人、ヨーロッパ人にすぎないことになる。こうしてキッドラットは、自己アイデンティティをフィリピンの先住民やドライバーのような土着の人々を手本として学びなおすのであった。そこには、スペインやアメリカからの影響を受けていない純粋で土地に根ざした生き方や人間のあり方が読み取られていたのである。

ナショナリズムの高まりのなかでアートだけでなく歴史をどうやって捉えるのかも、大衆の存在を前提に試みられてきた。フィリピンの歴史研究に多大な影響を与えたレイナルド・イレートは、「一見、狂信的、あるいは単なるヒステリックな行動に見える民衆の反乱や活動は、かれら自身の意味世界の中では実に理にかなった、〈合理的〉な行動として理解することができる」と主張する。彼の著書は、スペインに対する革命戦争がエリートによって主導されたものではなく、大衆の内部に宿った世界の見方と実践から描き直したものだった［イレート　二〇〇五］。その際、歴史の導き手、あるいは革命の担い手を、それまでなんの力もない、教養もないとされてきた人々に見いだすことで、フィリピンの別様な語り口が模索されていたのだった。

このように民衆や大衆と呼ばれる有象無象な人々を取りまとめ、新しい社会を表象しようとする作品は数多く作られてきた。我々フィリピン人とは誰なのか、我々フィリピンの歴史とはいかなるものなのか。こうした葛藤は、作品を生み出すエリートや歴史家の目をジープニーやバラック小屋、無教養の大衆に向かわせていった。ナショナリズムの潮流は、大衆や労働者への期待と結びついた。私自身もフィリピン人アーティストのジープニーを題材とする作品から様々なインスピレーションを受けてきた。マナンサラの気づきは、ジープニーと社会が戦後に激しく混じり合う姿を捉えていた。かれらは社会の担い手として見出され、歴史を紡いできた主人公として名もなき人々が称揚されたのだった。

しかし、鋭敏なセンサーから作品を生み出すアーティスト、あるいは偉大な歴史家も重大な点を看過してしまう。かれらは大衆を描き出し、歴史を掘り起こし、ジープニーから新しい社会を捉えたが、それ（表現・歴史など）は決して大衆やジープニーのドライバーやオーナーが描いたものではないということだ。植民地支配によってフィリピン人の自画像は一方的に描かれてきたが、ナショナリズムの運動は大衆を取り上げ、新しい自画像として描きなおそうとした。しかし、ここに罠がある。選ばれた一部の人々は、かつての植民地主義者と同じように一方的に大衆を描いてしまう。大衆や労働者、あるいは不法占拠者という言葉は、カテゴリーとして十把一絡げにまとめ、単純化して描いてしまう。大衆というカテゴリーは、歴史を変えていくエネルギーのように扱われる。いや、むしろ歴史を説明しなおすために、人々は一つのエネルギーとして位置づけられてしまう。逆からみれば、その個別な存在に価値は認められていない。

抜け落ちていくのは、かれらが大衆だと呼ぶ人々、その大衆の表現だというジープニーには一個人、一家族の名や顔や夢やらが描かれている事実である。ジープニーのグラフィックが生き生きとし、その魅力の根幹には描かれるばかりの人々が描きたいもの、かれらの思い描く夢があったからではないだろうか。アート作品となったジープニーは、その不可解でありながらも目を惹きつけられてやまない魅力をどこか失ってしまう。かれらは大衆である前にひとりの父親であり、労働者である前にひとりの人間なのである。

ジープニーの老舗メーカーであるサラオ・モータース（一九五三年創業）に伺った際、アニメやアメコミ、似顔絵と多様化するグラフィックについてどう考えているか尋ねたことがある。サラオのジープニーはその歴史の長さも相まって水牛や農村の風景などが筆で描かれることが多い。いわば現代においてはクラシックなジープニーをつくっている。創業者の息子である彼は、かつては筆で描かれ、八〇年代後半からステッカーなどでの装飾が増え、二〇〇〇年代以降はエアブラシで描くことが主流になった技術的な変化に触れながらも「ジープニーにクラシックはない。そして、いま描かれているジープニーのグラフィックも昔のものもすべて同じなのだ。なぜならジープニーに描かれるものはオーナーやその家族が望んだものだからだ。それらはすべてかれらが描きたいものだから同じなのだ」と説明する。ジープニーのグラフィックをジープニーのそれとして決定づける要素が彼のいうようにオーナーの望むものであれば、それは個人的なものである。そのためすべてのジープニーのグラフィックはそれぞれ違うがゆえに同じでもある。

一節で論じたインフラや社会を結ぶという水準でジープニーをみることは、アーティストのまなざしと対立することはない。その際、ジープニーとは社会という全体をかたちづくる一部となっているからだ。アーティストはそれを表象のレベルで試みていた。しかし、それではジープニーを支える〈その〉人の生き方はみえなくなる。ジープニーは社会を結ぶ存在でもあるが、とても強固に個人とも結びついている。一台一台のジープニーには、そのカラフルな車体にそのオーナーの生が織り込まれている。この輝きを支えているのは、その人が歩んだ歴史と絡み合っているからだ。三節では、この個人の閉ざされたジープニーの内部へと入っていく。

◆コラム2――アンカーを打つということ

マニラの街は、親密なものへの、小さな小さなものへの配慮・関わり・軋轢で満ちている。これらの一つ一つのモノや空間は宮澤賢治のいう「ひとつの青い照明」のように「ひかりはたもち　その電燈は失われ」ていく。フィルコアの歩道橋には全身をイボで覆われた女性と三人の子どもたちがいた。一ヶ月のあいだ、毎日といってもいいくらいかのじょらを見続けた。雨の降る日には、ビニールの袋を被り、腰にはダンボールを敷いている。子どもの姿を目にしたとき彼女が母親へと変身する、そんな瞬間を目にしたりする。あるいは、近くの飯屋で二〇ペソのパンシット（焼きそば）を食べるとき、その子どもたちが時折お湯をもらいに来て、おばちゃんは感じよくお湯を注ぐ。「火傷しないように、ビニール袋に入れていきなさい」とそんな言葉をかける。姉と二人の弟がテケテケと足早に歩道橋へと向かっていく。小さな踊り場でフォークを踊らせあそぶ弟を叱る姉（彼女は少し母親より高い段に陣取って、制服姿でよく物乞いをする）。踊り場を通り過ぎるとき、右目の端でかれらをそっと覗きながら、人の流れに沿って通り過ぎた。

スラムに住む友人の家を訪ねれば、必ずみてしまう祭壇と家族写真。テレビを囲って上にはマリア像が掲げられ、その左右に卒業した子どもの写真が得意げに飾られている。ときには、そのすぐそばに自分では読めない中国語と馬の絵画、フェラーリと豪邸のポスター、セクシーな女優の水着写真なども貼られている。

あるときは、電話機のようにさりげなく置かれたセガサターンがあった。配線もコントローラーもない足のもがれたバッタのようなゲーム機だったが、尋ねれば嬉しいのか恥ずかしいのか、はにかみながら、拾ってきたのだという。役に立つもの、立たないもの、夢と誇りとが垣間みえる空間はまるでかれらの世界をそこに圧縮したかのようだ。

そもそもこの夏の課題は「小さな空間」について考えることだった。ジープニーが面白くて、気づけば都市の流れについてばかり考えていたけれど、先輩たちとハンナ・アーレントを読みながら、少し気づいてきたことがある。アーレントはさっきあげたような親密なものに対して「公的領域が衰退して以来、「小さなモノ」の中で幸福になる技術を習得」したからだと辛口にいう。けれど、自分自身はそんな親密なものに惹かれてやまない。なぜなら、それがいまこの世界に対して「アンカーを打ち続ける」ことだと思うからだ。大きな世界には足場もなく、かといって逃げる先もないなかで、誰しもがやらなければならない。「小さな空間」や「小さなモノ」とは、まさにアンカーなのかもしれない。それには自身の実存が賭けられている。ただし、打ち込む先は、もはや公的でも私的でもない不安定な足場だ。私たちが持つ携帯電話ですら、それはアンカーとしてメールを、あるいはFacebookをとおして流れを生み出すとともに、その不安定な場所で留まるための方法なのだろう。流れとして都市を掴み、理解することと、そこにアンカーを打つことは不可分に結びついている。

この街に住む一人ひとりは、小さな電燈であり、いずれ必ず失われる定めにありながら、それらは絶えずもつれ合うことでそのひかりはたもたれ続ける、そんな風に思うのだ。

（二〇一六年九月二四日の日記）

三　ジープニーに織り込まれる生

1　自由であること、自立していること

ヌラッとした唾液がまとわり付くグラスは暗がりのなか遠くの電球を反射する。足元には蚊取り線香が焚かれている。だが、隣はドブ川なのでほとんど意味がないだろう。七時頃になると運転を終えたドライバーがガレージに帰ってくる。オーナーも彼からバウンダリーを受け取る。そして廃材を打ち付けたテーブルが持ちだされ、タガイ（Tagay、乾杯やショットを意味するタガログ語）がはじまる。タガイでは皆が車座になり、一つのグラスに酒を注ぎ、それを飲み干して隣の人に渡す。ショットグラスは円を描いて回り続ける。私たちは大抵の場合エンペラドールと呼ばれるブランデーを飲んでいた。七〇〇ミリリットルの瓶で一二〇ペソくらいだ。決していい酒ではない。だが、そんなことで文句をいうやつはいなかった。私のフィールドワークでは、日中はドライバーの横でお釣りを数え、夜はタガイをする繰り返しだ。気がつけば知らない家の天井を眺めながら目を覚ますこともあった。あれはシンプルに怖い経験だった。そんなタガイの折々にオーナーの吐露を聞き、かれらがどう生きてきたのかに触れることもあった。

私を一番よくタガイに誘ってくれたのがレネだった。当時、私がフィールドワーク中に住んでいたのは彼のジープニーが置いてあるガレージの向かいだった。朝五時前には、レネの義弟であるサルディーがエンジンをかける音がする。レネは二台のジープニーを所有している。それらは彼が韓国での出稼ぎをして購入したものだ。側面には最愛の我が子の似顔絵が描かれている（写真15）。その隣には、彼の好きな俳優と女優の顔もある。車体は彼が好きな人で溢れているようだ。

写真15　レネのジープニーのメンテナンスの様子（著者撮影）

レネは、マニラからバスで一四時間離れたビコール州出身だ。ルソン島の端に位置するこの地域はなかなかに貧しい。六人兄弟の次男だった彼は、高校を卒業後、地元の食堂でコックとして就職した。彼の両親は、わずかな田んぼを持つ零細農家で裕福な家ではなかった。コックの仕事も薄給でお金を貯めることもままならない生活を続けていた。その折、マニラに出ていった元同僚が彼にホテルでの調理の仕事を紹介してくれた。そうして彼もビコールの地元を離れてマニラにやってきた。料理を作るということ自体は同じだったが職場のルールの多さに辟易したという。上司はちょっとしたミスをする度にすぐ彼を叱りつけた。なかなか金も貯まらなければ、安定した将来といったものも想像することはできなかった。

そうしてマニラの喧騒に揉まれながらも日常を過ごしていたなか、彼はトライシクルの乗り場（写真16）でいまの奥さんと出会った。夕方のラッシュアワーは、バス停、街角でジープニーを待つ人が列をなす。トライシクルはバイクを改造した三輪タクシーでジープニーも入れないような路地を走る。バスやジープニーがマニラの大動脈だとすれば、トライシクルは毛細血管だ。日が沈むなか、たまたま前後に並んでいたレネとその女性は長蛇の列を待っていた。レネはその女性が気になってつい話しかけてしまったという。その次の日からその場所でトライシクルを待つふりをしながら、その女性とまた会おうと仕事の疲れを忘れて待っていたのだとか。携帯電話もなかった時代の話だが、なかなかに甘酸っぱく、レネはこの話が好きで酔う度に繰り返しするのだった。帽子を被った少年の左側の女性が奥さんを描いたものだ。少なくとも私が知っている彼女は、もう少しぽっちゃりしているが、彼のなかではその時出会った奥さんのイメージと一緒になっている気がする。

奥さんと出会ったことで彼も自分の生き方を考えなければならなくなった。コックは自分ひとりが生活する分には悪くない仕事だった。けれど、大学を出ていない彼が管理職に就くことは難しいこともレネはよく理解していた。そこで韓国への海外出稼ぎに行くことを選択した。幼い子どもと奥さんを残すことについて、彼自身も考えることはあった。けれど、行かなければ何も手に入れられないことも理解していた。韓国では、ガラス工場で働くことになったという。工場の敷地から出る機会は限られ、彼を含む四人の出稼ぎ労働者は六畳にも満たない部屋に押し込められた。布団を敷いたらほとんど他のスペースもなかった。

写真16　マニラの街角で客を待つトライシクルドライバー（著者撮影）

「韓国はどうだった?」と尋ねると、それまで饒舌だったレネの口数は少なくなる。「ガラスは壊れやすい。それを何枚も束ねダンボールに詰め、フォークリフトに乗せて工場内を移動させる」、「寒かった、寒かったなぁ」と。はじめて雪を見た時は感動したと回想するが、それ以上に韓国の工場のしんしんとした寒さが印象的だった。子どもは大きくなっていくが、金はなかなか貯まらなかったという。

フィリピンに帰ってきて、妻の妹の夫、つまり義弟サルディーの誘いもあってジープニーを購入することにした。

マニラで長年ジープニーのドライバーをしていたサルディーが購入の仲介をする。ジープニーを買った時、彼は「ああ、これでもう家族と一緒に居られる。煩わしい上司のいる職場ともおさらばできる」とそう思ったそうだ。購入したジープニーを整備する際、グラフィックも描き換えた。ぶつけて塗装が剥がれたところをみると、以前のオーナーのグラフィックが少しだけ顔を出す。車体とともに運営権が登録されているジープニーに新車は存在しない。レネのジープニーは一九九六年製のものだし、そもそも搭載されているいすゞのエンジンは、日本から中古として流入してきたものだ。

ジープニーがオーナーの人生にとっていかに重要なのか。レネは二〇一〇年代にジープニーを購入したが、遥か以前からジープニーは自立した生き方を願う人にとって不可欠なものだった。私がフィリピンで出会った最も年長のドライバーでいまもジープニーを所有するモイゼスの例を紹介しよう。

写真17　モイゼスのジープニー（著者撮影）

モイゼスは、一九四〇年一二月に山岳地域のボントック市に近い集落に生まれた（写真17）。貧しい家庭の出身でカモテ（さつまいも）を育てる一ヘクタールに満たない小さな土地を持つ程度だった。「ここにいて、どうやって豊か（progresso）になることができるだろう」と考えていた。五年生まで集落で過ごし、その後、一三〇キロ離れた別の街へ出て行った。そこで小学校を卒業し、高校二年生まで教育を受けた。精米所で働くことで教育費を得ていたが給料はなかった。精米所の手伝いがあるためいつも学校に遅刻し、教師からいじめられていた。「勉強なんてできなかった。いつも上司（amo）のために働くだけだった」と教育を受けられなかった幼少期を振り返る。休暇で集落に戻った時、叔父に会った。彼は叔父に「私も一緒にマニラに行って自動車の整備を学びたい」と頼んだ。

一九五八年夏、一七歳になったモイゼスはマニラの郊外に位置するカムニン地区で生活をはじめた。彼は叔父のもとで整備と運転を学んだ。二人は、イロカノ出身の上司のもとで自動車の運転と修理をしていた。しかし、その車両には運営権がなく、政府によるジープニーの規制が厳しくなった時、彼は叔父に「おれたちも自分のジープニーを持とう」と相談した。一九六〇年、ジープニーを購入した。その年、父が結婚しろと勧めてきた。最初、彼はそれを断った。「嫁なんていなくても自分は十分に勤勉だ。それに豊かさはここ（マニラ）にある」と。しかし、結局従わざるを得なかった。結婚したからには、まず子どもを作るまで村から離れられない。叔父とジープニーに乗って里に帰った。

そうしているうちに、集落から多くの若者が来るようになった。彼は、弟にジープニーを譲った。しかし、そのジープニーに乗った弟はクバオ地区でギャングに誘拐された。そしてラグーナ州のさとうきび畑に連れて行かれて「おれたち（bahala na gang）はお前らをいつでも殺せるからな」と言って去っていった。弟は全裸にひん剥かれていた。そこでモイゼスはジープニーの政治組織に加入した。それに加え、自分たちの組合も作った。商業施設と長距離バスのターミナルが集まるクバオ地区ではギャングが闊歩しており、いつもショバ代をせびってくる。それぞれのドライバーが毎日五〜一〇ペソを献上していた。それに対して、モイゼスらは警察と協力してギャングを一人ひとり逮捕していった。それでも居残っているギャングがおり、報復に息子を誘拐され、電話でクバオの食堂に呼び出された。一人でそこに向かうと奴らが息子といた。奴らは、「なぜショバ代を払わないんだ！」と言う。彼は「バウンダリーがある、それに生活がかかっている」と言って、そこにあったちりとりでリーダーの頭をぶん殴った。そいつが倒れているうちに逃げ出した。報復しようとするギャングが彼のジープニー路線を見回っているため、彼は八ヶ月間も山にこもっていた。知り合いの警察からもう大丈夫だと連絡がきてようやく降りて来た。彼の家族は一一台のジープを所有しており、彼の息子もいまではカナダで職を得ている。彼は、故郷に残っている世帯は今ではほんの少しだけだ、「私たち全員がここ（マニラ）にいる」と半生を振り返っている。

2　離れ離れになる家族

グラフィックに込められるのはフィリピン人の自立心だけなのだろうか。レネやモイゼスの例は、自立のために自らジープニーを勝ち取ったことを示していた。だが、それだけではない。出稼ぎに出ている誰かがジープニーを故郷の家族に贈ることもある。贈り物としてのジープニーだ。ふたり、二つの家族の例から見てみよう。

レオは三八才、ジープニーのオーナーだ。明るく率直な雰囲気で昔ヤンチャしていた感じがする。彼は「ゼンタしゃん！」と年下の私を呼んでくれる。マニラから一五〇キロほど離れたケソン州ルセナで生まれ育った。一七歳でマニラにやってきて、プライベートドライバーとして働いた。上司となったのは、日系企業の役員や裕福な中国人・フィリピン人といった人々だった。上司が変われば働き方も変えざるを得ない。深夜になって電話でバーまで呼び出される、なんてこともしょっ中で、そのまま飲みに付き合わされて奥さんから叱られることも多かったそうだ。長女が生まれた折、そんな働き方を考えなおすことになった。その相談を母にすると、レオの義父が出資してジープニーを運行する案が出てきたのだ。

レオの家族関係は複雑である。しかし、フィリピン全土をみれば、彼のような家族関係は珍しいともいえない。レオの実父は、彼がまだ一〇歳だった時、病気で亡くなっている。母は、レオを含む三人の息子を育てるためにも、フィリピンを出て日本に出稼ぎへ向かった。日本での出稼ぎのなかで日本人男性と出会い、国際結婚を決めた母だったが、レオや他の兄弟の心中はなかなかに複雑である。母の幸せを願っているといいながらも、遠く離れた日本の地からなかなか会いにきてくれない。母は本当に自分たち兄弟のことを想っているだろうか。どこか置き去りにされてしまったような寂しさがあるのかもしれない。たまたまジープニーの調査で訪れている私を飲みに誘っては、

写真18　レオのジープニー(著者撮影)

一緒にカラオケをしたり、料理を作ったりもした。

レオのジープニーの正面をみて欲しい(写真18)。おでこの部分には、レオの三人の子どもの名前、サイドミラーの位置に彼と妻の名前、フロントガラスのすぐ下に母の名前、そして義父である「マツ」さんの名前が描かれている。水牛の頭蓋骨の下にはかれらの姓である「クニャーダ・ファミリー」と記されている。まるで一つの食卓を取り囲むように家族の名が配置されており、このジープニーのフロントはレオの家族の家系図を描いているようにみえる。重要なのは、義父であるマツさんの名前が中心に置かれていることだろう。母の選んだ再婚相手であった彼が、ジープニーのグラフィックを通して家族のなかでもその中核に置き直されている。母と共にフィリピンに帰国したマツさんは、このジープニーをみて、自分の居場所を確認するだろう。レオにとってもこうして描くことは、なかなか言葉にすることができない微妙な齟齬をグラフィックの上でも軽減させるものではないだろうか。

日本から贈られたジープニーは、一つは我が子にとって生活を安定させる日々の糧になって欲しいという想いもあっただろう。しかし、それだけではなく贈り物とは複雑な関係性をなんとか保持させる行為でもある。フィリピンを含むマレー地域では、家族や親族とは、樹形図のような確固・硬直とした構造を持つのではなく、常に交渉と実践によって生成されるものである[Carsten 2000]。つまり、家族であるということは、明確なかたちを持つのではなく、様々な行為や関わり合いによって「家族」であることが事後的に確認されるのである。ジープニーという贈り物は、こうした不安定で不定形な「家族」を取り繕うような効果を有している。この効果は、一つはグラフィックとして離れ離れになって一見破綻してしまうようにみえながらも、家族像を描くことでなんとか結びつけるものである。

ジープニーの側面に描かれた日本航空のグラフィックも日本とフィリピンを結ぶイメージであろう（写真19）。もう一つは、ジープニーが様々な中古部品で作られているため脆いという性質にみることができる。

ジープニーという車両は、近年人気になっている自家用車とは異なっている。自家用車で稼ぐことはできないが、小型路線バスとして家族にとっても、そのドライバーにとっても収入をもたらすことだ。このジープニーは戦後には軍用ジープの改造によって作られ、現在では日本のいすゞや三菱のトラックエンジンやシャフトが用いられる。「心臓（Puso）は日本かもしれないが、体（Katawan）はモノホンのフィリピン人だ」と自称エンジニアたちが説明するように、創造的な組み合わせによって作り出されたジープニーは脆い。すぐに故障してしまう。私がレオに初めて会った時、彼のジープニーは故障していた。エンジンをオーバーホールしないといけない大修理の最中だった。

写真19　レオのジープニーの側面（著者撮影）

彼は頻繁に母親に電話をし、「エンジンの修理には一万五〇〇〇ペソかかる。ラジエーターも新調しないといけない……」と訴え、母は「どうしましょう、もうすぐクリスマスよね、ジープがないと大変。マツさん！ちょっと聞いて！」といった会話が何度も繰り返された。脆いジープニーは、レオにとっても、母にとっても手のかかる、けれど大切な存在だ。二人は相談し、交渉を重ねることで、ジープニーを動かすために協同を必要とするのだ。この常なる修理、手当てがレオと母、そして義父のあいだで関係を紡ぎ続けている。

レオの事例が母と子のあいだの関係についてであった一方、もう一人、アーロンの事例は夫婦の関係についてである。私がジープニーの調査を開始して、はじめて調査に協力してくれた人物である。ガレージには、ビリヤード台が置かれ、ドライバーたちが休憩したり、たむろしている。日本人の私が所在無さげにそこにいると、一つ賭けをしようとゲームを提案してくれた。そもそも触ったこともない私に、彼はゴツい手でキューの握り方、玉の打ち方を丁寧に教えてくれた。物覚えが悪いため、少しずつ不機嫌になりながらも根気よく付き合ってくれた。二、三試合したが、ボロボロに負けた。そんな風に声をかけてくれたのも、去年八月、日本に一週間遊びに行ったからだという。日本はどうだった？と聞くと、東京の外れに滞在したこともあったのか、「まるで山のなかさ」「そこに人がいるのに、物音が全然ないんだから」という。ビリヤード台を離れて、彼の家、正確にいうと家の縁側のようなところに移動した。

ぬるいレッドホースビールをグラスに氷を入れて飲み干す。はじめて飲んだ時から彼の酒の飲み方はどこか自《や》棄《け》っぱちのような感じを受けた。五時から飲み始め、そのまま一〇時、一一時と時は過ぎていく。ご近所の人や付き合いのあるドライバーは何か理由をつけては抜けていく。あまりにも自然に居なくなる友人を「ニンジャ」呼ばわりしたこともあった。タガイの飲み方はどこかマッチョなところがあって帰らせてくれない。抜けるためにはテクニックが必要だ。アーロンはいつもレッドホースをたんまり用意してくれるが、一本飲み干せばまた次の瓶が用意されている。私はその輪の中で外国人であり、かつ地域のよそ者のこともあってへべれけになるまで彼に付き合うことが多かった。夜が更けていくと、彼はますますくだを巻くようになる。最後に彼と私の二人だけが残り、タバコを吸いながら酒を飲んで激しく咳き込む彼は、今にも唸り声を上げそうにみえた。

二台のジープニーを所有し、さらにＳＵＶ（スポーツ用多目的車）に乗り、きれいに装飾されたコンクリートの二階建ての家に住むアーロンは、外からみるとフィリピンの成功者の姿そのものだった。彼の生活は、フィンランドに出稼ぎに行っている妻からの送金で成り立っている。アーロンのジープニーもレオのように贈られたものだった。一台目のジープニーを見てみると、ロールス・ロイスであれば女神が置かれるボンネットに、８のようなエンブレムが鎮座する（写真20）。車内の天井部分にもこのエンブレムは大きく描かれていた。これはアーロンの妻が勤めている時計工場のロゴを模したものだという。家族のために勤勉に働く妻の功績がしっかりと示されている。

しかし、こうしたエンブレムの存在が彼の苦しそうな酒の飲み方と重なり合っていることがわかってきた。アーロンはとても女好きだ。事あるごとに「日本の女性はいいんだろう？　また東京に行ったら店を紹介してくれ」、「一緒にビアハウスにいってナンパしよう」、あるいは「近くにいとこの娘が勤めているんだ。ぜひ紹介したいから付いてきてくれ」と冗談であることはわかっているけれど、こうした話を繰り返す。ヘッドライトにプレイボーイのステッカーが入っているのも彼の性格と一致しているようだ。彼の家でレッドホースを空け続け、深夜の一二時を過ぎ、残っていたのは私だけとなった。話題もなくなり、先の下世話な話にも飽き、フィリピンの定型文的な話題を振ってみた。「今年のクリスマスはどう過ごすんだい？　奥さんも帰ってきて、里帰りにもいったりする？」と。

写真20　アーロンのジープニー（著者撮影）

アーロンの纏う空気が急に重くなり、グラスを握り、少しの沈黙の後、「妻は帰ってこない。アイツは一二年も帰ってきていない」といった。私は動揺しながら「でも、子どももいるじゃないか。会いたくないのか」と返す。「あいつだって一二年会っていない」といった。それからどんな話をしたのか、ほとんど思い出すことができない。その夜、彼がどうしていつもそんな酒の飲み方をせずにはいられないのか、その一端に触れた。だが、それ以上踏み込むことはできなかった。翌朝、アーロンのジープニーを運転するマノンに、彼の妻はどうしてそんなに長く向こうにいるのかを尋ねた。マノンは「仕事が忙しいっていうけど、一二年もずっと忙しいなんてことはないだろ。近所の人は、彼女が新しいパートナーを向こうにつくってしまってんじゃないかって噂しているよ」と教えてくれた。その真偽をアーロンに聞くことはなかったし、聞けるはずもなかった。ジープニーには、プレイボーイと時計会社のエンブレムがそこにある。

そんな折、アーロンのジープニーも故障する。レネの、モイゼスの、レオの、どのジープニーも故障する。リアブレーキが故障し、アーロンとマノンがジープニーを前に思案していると、たむろしていた人たちが集まってくる。すぐにスプリングとワッシャーを交換する必要がわかり、アーロンが車を出す。修理をかってでたのは近所の人だが、エンジニアの資格を持っているわけではない。アーロンは「ここでたむろしているタンバイはみんなエンジニアになっちまうのさ」と笑う。タンバイとは、英語のスタンバイ（待機する）をもじったタガログ語のことで、ぶらぶらたむろしている無職の若者を意味している。アーロンは彼に三〇〇ペソを支払った。その三日後、次はラジエーターが不調になった。中古エンジンをだましだまし使い続けるジープニーは、ラジエーターで十分に冷却する必要がある。運行前には水道水をたっぷりとジープニーに飲ませてやる。マノンと共に運行していると、片道ですでに水が底をつき始めていた。確認すると、ラジエーターからどばどばと漏れ出している。慌ててガレージに戻り、再び修復できるタンバイに声をかける。これらのことは、いつも繰り返し起こり続けることなのだった。激しく酒を飲むアーロンは孤独にもみえた。けれど、ジープニーは彼とドライバーであるマノンを結びつけ、そこらのタンバイにも仕事を与え、彼がひとりにならないよう繋ぎ止めているようにも映る。

最後に、アーロンのもう一台のジープニーのグラフィックをみてみよう（写真21）。ジープニーの助手席側のドアには、微笑んでいる妻の似顔絵が描かれている。写真が見つからなかったのだが、反対側にはアーロン自身も描かれている。妻は様々なかたちで彼のまわりに存在している。一台のジープニーに二人が仲良く描かれているのは、一二年という長い空白の時間を思うとどのように受け止めるべきか戸惑いを感じてしまう。美しい妻と彼という夫婦の肖像が描かれるジープニーには、彼の理想的な姿が投影されている。それが美しく、理想的であるほどに、彼の目の前の現実との落差が現れてしまう。そのあいだでアーロンは、自暴自棄に酒を飲み続けているように感じられた。

3　人々が描く夢や願望

第三節では、四人のジープニーをみてきた。レネとモイゼスのジープニーには、自ら勝ち取ったというかれらの自立的な生き方や自尊心のようなものが描かれていた。一方で、レオとアーロンのジープニーには、より複雑な感情が込められているといえよう。

前者のジープニーは、いわばかれらの努力や労働の成果物としてのジープニーだった。フィリピン人の移民労働者を研究するデ・グスマンは、ジープニーの車両に描かれた「Katas ng Saudi」という文言がサウジアラビアでの長年の労働による成果・恩恵を意味すると指摘している。「Katas」とは、ジュースを意味するタガログ語である。直訳すると「サウジのジュース」を意味する［de Guzman 1993］。「ジュース」というメタファーには、一方でかれらが身を絞り汗水垂らして働いた成果物というイメージが付与されている。それはレネが韓国において家族と離れ離れになりながら、より良い未来のために自らを犠牲にするように働いた成果としてのジープニーだ。彼のジープニーには、妻と子どもの笑顔の似顔絵が描かれているが、まさに彼の努力がそうした幸福な家族のイメージとして車両に反映されているのだろう。

写真21　アーロンの2台目のジープニー（著者撮影）

またモイゼスのジープニー（前掲の写真17）も、彼が困窮極める山地の先住民の生まれから自由になろうという努力と関わっている。彼は山地という資源の限られた場所からマニラという大都市に身を投じ、ギャングとも戦いながら同郷の者たちにチャンスを切り開いてきた。同郷の者の多くがすでにマニラ、あるいは海外へと、彼の言葉を借りれば「プログレソ」、豊かさを求めて移動していった。描かれている農村で田植えをし、水牛が横切り、そして稲穂を収穫する姿は、かれらの成功が故郷にも還元されていることが示されている。ふんどし姿で稲を植える姿は、かれらがふんどしをはいた先住民の意思を引き継ぎ、それを誇らしげに掲げているようにも映る。

こうしたレネやモイゼスにとって、自立(pagsasarili)や個人であること(indibidwal)という生き方が非常に重要だった。『フィリピン人のこころ』においてデ・ラ・コスタは、「フィリピン人は一人残らず、〈自分自身であること〉を熱望している。すなわち、自主性がある独り立ちのできる人間、自分の意思で物事を決定し、自分の心の命ずるままに行動する人間でありたい、と切望している」、だが、「植民化政策の諸悪の中でも、従属を奨励したことは大きなわざわいであった。生き残るためには、従属しなければならなかった。自分自身をなくさなければならなかった。独り立ちを自ら否定しなければならなかった。人間でないものにならなければならなかった。自分のことをおいて、他人のことをしなければならなかった」と自立性を重く見ていながらも、十分に経験できないことを示している[デ・ラ・コスタ 一九七七:一五四—一五六]。

ジープニードライバーやオーナーの多くは、農村や地方の出身者である。かれらにとって自立的な生き方は、無数の選択肢が用意されているわけではない。レネもホテルのコックとしてはつねに下っ端として扱われ、モイゼスも先住民という出自ゆえにいつも服従を余儀なくされてきた。かれらにとって自らのジープニーを所有することは、そうした上下関係に苛まれながら生きるあり方からどうにか脱出するための方途であったのだ。かれらは自分のジープニーに誇りとともに自らの夢を描いている。それは夢というよりもかれらが実際に勝ち取ったものとして読み取ることもできるだろう。レネとモイゼスのあいだは四〇年ほど離れていながら、ジープニーが労働者からどのようにまなざされてきたかには連続性がある。

レネやモイゼスは、自らの成果物であるジープニーに自らの望みを描き出した。しかし、レオやアーロンのジープニーはかれら自身の望みが描かれていると言うことは難しいだろう。ふたりのグラフィックを読み取るには、かれらがいかなる夫婦、家族、親族関係のなかにあるかが理解の鍵となる。特にグスマンの指摘した「汗水垂らして働いた成果物」は、他の家族のメンバーから贈られることもある。イスラエルへ出稼ぎ労働にきたフィリピン人を研究するクラウディア・リーベルトは、「労働移民は、遠く離れた国にまたがる社会的関係を生み出し、それ自体が贈与のユニークな表現を生み出し」ていると論じた［Liebelt 2011］。出稼ぎ者は、従来の家族・親族関係から離れて存在するため、ある意味では不完全な人間であり、残された人との実質的なつながりを必要としている。その際、贈り物とは、かれらの関係性をつくりだし、つながりを維持するためのものとして位置づけられる。

日本でも年賀状やお中元といった、離れ離れになりながらも関係を保つための贈り物は重要なものだろう。フィリピン人は、私たちよりもはるかにグローバルに移動しているため、つながりを保つ贈与物がますます重要になる。私は、関西国際空港でフィリピン人女性三人組がトータル一一〇キロの超過で五〇万円超を支払う姿を目の当たりにしたことがある。「飛行機の搭載可能量が二〇〇〇キロ……現在二九〇〇キロ……」と困惑する若い担当者に「払えるなら載せましょう！」という上司らしき人。窓口も慌てふためいており、私も手に汗握りながら見守っていた。重量が単純に想いの量と変換されるわけではないが、贈り物やお土産の存在がこれほどまでに大きく重いのは、フィリピン人の移動性の高さにも由来する。

レオとアーロンのジープニーは、こうした贈り物としての性質が重要な視点となるだろう。母と義父という複雑な家族関係や一二年にも及ぶ妻との距離は、容易にはその関係を維持することはできない。ジープニーに描かれる家族の名前や妻の会社のロゴ、そして似顔絵は、海外に出たまま帰る場所を失ってしまうかもしれない出稼ぎ者の不安が描かれているようにもみえる。先の一一〇キロオーバーとなった三人組のように、フィリピンにおける贈り物は、時にとても過剰なのだ。過剰な贈り物は、何かしら生じている関係性の問題を取り繕う効果を持つ。私たちもお詫びといって何かの過失を埋め合わせるために贈り物を贈るものだ。

だが、レオの理想の家族やアーロンの美しく笑いかける妻の似顔絵は、現実を湾曲し、問題を覆い隠しているだけなのだろうか。私は、ジープニーに描かれているものが嘘っぱちだとは思わない。描かれているのは夢や願望のようなものだろう。そもそも夢とは嘘とも本当ともいえないことだ。いまだに現実にはなっていないかもしれないが、その存在が現実を変えうる力があることも私たちは知っている。もし現実をひたすら見つめ、合理性だけを追求すれば、私たちは夢をみる必要などない。しかし、人間はそういうものではないだろうし、そのように生きていけるほど強くはない。

ジープニーのグラフィックをみていくと、いかにその車両に様々な想いや関係性が織り込まれているのかがわかってくる。そして、一人一人、一つ一つの家族が違うように、一台一台のジープニーのグラフィックが異なっている理由にも納得がいくようになる。私はフィールドワークが終盤に近づくにつれて、なんとなくグラフィックが読めるようになった、先に述べたように、カラフルに現れてきたのだ。その理由は、一台一台を正確に読めるようになったというよりも、その背景の複雑な関係や生き方を感じ取れるようになったからだろう。

このジープニーであるが、マニラ首都圏だけで四万五八六三台（これは東京都のタクシーの台数に匹敵する）が走っている。フィリピン全土となると二六万台が存在している。四人にとってのジープニーをみるだけでも、そこでは様々なつながりが生み出されていた。地方に行けば、その地方なりのあり方で人々を結びつけているのだろう。そして、妻や家族から取り残されてしまったオーナーにとっても、ジープニーはかれらとその周りにいる人々をつなぎ合わせている。ジープニーのグラフィックを読めるようになるとは、このフィリピン社会の成り立ちを、人々の困難や苦悩、そして努力のあり方を感じ取れるようになることではないだろうか。

おわりに――つながりの力の行方とジープニーの消失

私がジープニーの調査を始めた二〇一六年は、ロドリゴ・ドゥテルテ氏が大統領選に勝利した年だった。彼は薬物密売人などの犯罪者を「殺して、マニラ湾の魚を太らせてやる」と公言し、実際に薬物の使用者や売人に対する戦争を開始した。名や顔が描かれたジープニーの世界を調べ続けていたのは、その時、多くの名前や顔を奪われた人をみていたからかもしれない。報道写真にもあるように、ガムテープで顔面を覆われ、「Pusher Ako（私はヤク中です）」と描かれたダンボールとともに路上に放り出された遺体（写真22）。かれらは徹底的に非人間化され、社会の悪魔のように扱われた。名や顔を奪われるのはかれらだけではない。グローバル化によってますます流動的になる労働環境も人間の尊厳を奪っていくかもしれない。私には、薬物の売人や使用者も、身を粉にして働くフィリピン人も、断片化する社会という同じ問題から生じる二つの側面のように感じられた。

写真22　薬物に対する戦争の犠牲者（出典：HUFF POST 2016）

本書は、ジープニーから断片化していく社会と人々の関係を再び結びなおすつながりの力を描き出そうとする試みであった。戦後の焼け野原からはじまり、移民と残された家族までジープニーは、社会の〈あいだ〉、人々

写真23　新型ミニバス（著者撮影）

の〈あいだ〉にあり続けてきた。公共インフラとして考えれば、日々の移動を支える交通機関はそもそもそういうものだ、当たり前だと言いたくもなるだろう。けれど、本書を読んでいただけたのならば、フィリピン特有の方法で離れ離れになろうとする社会と個人を結びつけてきたことは疑うことはできないだろう。残された家族の日々の糧となるように贈られたジープニーが周囲の人々に仕事を生み出し、さらには乗客の生活をも支えている。自家用車や高層マンションが個から個へと贈られてもそれが家族にだけ開かれ、閉じているのとは対照的に、贈られたものがめぐりめぐりながら社会を稼働させていく様子がジープニーからみえてきた。

ジープニーは今後どうなっていくのだろうか。本書では取り上げなかったが、ドゥテルテ大統領は、現行のジープニーを廃止し、新型ミニバスの導入を進めている（写真23）。真っ白で統一されたバスは、ジープニーの姿とかけ離れている。すでに新型車両が導入された地区ではジープニーが廃棄されている（写真24）。売却可能なヘッドライトなどを抜き取られた姿は、まるで目をくり抜かれた骸骨のようである。人々が手入れをやめた瞬間にジープニーは崩壊する。そして、新しく何も描かれていない真っ白な車体からは、何も読み取ることはできず、その管理も合理的なものへと変えられている。ジープニーに対する廃止の取り組みも、先に述べた名や顔が奪われていく状況と重なり合っている。

たしかに開けっ放しのジープニーに乗っていれば鼻くそは真っ黒になるし、決して体にはよくないだろう。その環境につねに身を置いているオーナーやドライバーたちもそのことは理解している。しかし、だからといって様々につながってしまったジープニーを捨てることなどできない。排気ガスがよりクリーンなエンジンの導入を政府と交渉し、またその交渉を可能にするためにストライキによる反対運動も組織して戦っている。こうした戦いがどのような結果を結ぶのかは、まだわかっていない。しかし、ジープニーがこの社会から消えることは、単に交通機関が近代化されて一新される以上の〈何か〉を意味している気がする。それは本書が論じてきた社会と個人を結ぶつながりの一つを失うことではないだろうか。

そんなジープニーの状況は二〇二〇年からコロナ禍によってさらに窮地に追い込まれた。マニラ首都圏全土の外出規制が実施されたことでジープニーが停止する事態となった。バウンダリーという出来高制で生きているドライバーもオーナーも収入源を失うこととなった。だが、そこでめげないのもかれららしい。かれらはペットボトルやお盆を持って路上に飛び出し、行き交う車からの寄付を募った。実にこの都市と一体となりながら生きてきたかれららしいやり方でサバイブする方法を知っている。さらには、コミュニティ食料庫としてジープニーは物資を輸送する手段となり、政府から排除されるホームレス寝泊まりの場としても利用されたりしている。おそらく私が本書で描いてきた以上の力がこのジープニーというものには詰まっているのかもしれない。

この街の隅々にまで行き届き、そして人々の生活を支えるジープニーは、「都市の根」のようでもある。マニラを訪れた際には、この乗り物に乗って、一台一台違うグラフィックを眺め、その背後にある社会と人々の関係に想いをはせていただければ幸いである。

写真 24　廃棄されたジープニー車両（著者撮影）

引用文献

〈日本語文献〉

イレート、レイネルド

二〇〇五 『キリスト受難詩と革命―1840～1910年のフィリピン民衆運動』清水展・永野善子監督，川田牧人・宮脇聡史・高野邦夫訳，法政大学出版局。

清水 展

二〇一三 『草の根グローバリゼーション：世界遺産棚田村の文化実践と生活戦略』，京都大学学術出版会。

鈴木 勉

二〇一二 『フィリピンのアートと国際文化交流』水曜社。

デ・ラ・コスタ、ホラシオ

一九七七 「フィリピンの国民的伝統」『フィリピンのこころ』山本まつよ訳、めこん。

ホアキン、ニック

二〇〇五 『物語マニラの歴史』橋本信彦・澤田公伸訳、明石書店。

〈欧文文献〉

Abrera, Jess

1997 *Pinoy nga!*, Anvil Publishing, Pasig.

Carsten, Janet

2000 *Cultures of Relatedness: New Approaches to the Study of Kinshi*, Cambridge University Press, Cambridge.

de Guzman, Arnel F

1993 Katas ng Saudi: The work and life situation of the Filipino contract workers in Saudi Arabia, *Philippine Social Sciences Review* 52: 1–56.

Doeppers, Daniel F
2016 *Feeding Manila in Peace and War, 1850–1945*, University of Wisconsin Press, Wisconsin.
Guevarra, Anna Romina
2009 *Marketing Dreams, Manufacturing Heroes: The Transnational Labor Brokering of Filipino Workers*, Rutgers University Press, New Brunswick.
Larkin, Brian
2013 The Politics and Poetics of Infrastructure, *Annual Review of Anthropology* 42（1）: 327–43.
Liebelt, Claudia
2011 *Caring for the "Holy Land": Filipina Domestic Workers in Israel*, Berghahn Books, New York.
Malcolm, George
1908 *The Manila charter as ameded and the revised ordinances of the City of Manila*, Burea of Printing, Manila.
Pante, Michael D
2014 A Collision of Masculinities: Men, Modernity and Urban Transportation in American-Colonial Manila, *Asian Studies Review* 38（2）: 253–73.
Tadiar, Neferti X.M
2013 Life-Times of Disposablity within Global Neoliberalism, *Social Text* 115 Vol 31（2）: 19-48.

〈新聞記事・雑誌記事〉
HUFF POST
2016 The Bodies Of Drug Dealers Are Piling Up In The Philippines, August 4, 2016（https://www.huffpost.com/archive/au/entry/the-bodies-of-drug-dealers-are-piling-up-in-the-philippines_a_21443074）
Mirror Magazine
1971 Anarchy in Manila. January 30.
Philippines Free Press（PFP）. 1949.　King of Road（by Paterno N. Alcudia）. 16 July: 50.

1962b　Jeepney, Sampaguitas and coffee（by Jose J. Tena）. 7 April: 52.

Philippine Star（PS）

2019a　Transport Crisis? No such things, says Palace, October 9, 2019.（https://www.philstar.com/headlines/2019/10/09/1958727/transport-crisis-no-such-thing-says-palace）

2019b　Commuters told to pray rosary, multitask to fight stress during traffic jams, November 19, 2019.（https://www.philstar.com/headlines/2019/11/18/1969873/commuters-told-pray-rosary-multitask-fight-stress-during-traffic-jams）

あとがき

私はアカデミックな言葉が苦手だと常々感じてきた。研ぎ澄まし、捨てる覚悟をもった先輩や友人をみてきた。それはとても正しい。データとは無駄を省き、磨くことで光るのだから。けれど、私にはなかなかできないことだった。ちょっとしたことや個人的なこと、論文としてはなかなか扱えないような日常の一瞬に魅了されてきた。それはアカデミアに身を置く者として未熟であることの証拠のように思っていた。そんななか、はじめて「好きに書いていいよ」と本ブックレットのミーティングでいわれた。とても嬉しかった。私にとってジープニーについて話すには、酒と蚊取り線香と上裸のおっちゃんたち抜きにはじめることはできなかった。シャープな思考ではなく、徹底的に絡まりつき、管を巻く、そんなことばでないといけない。今にも、いや、すでにつねに壊れ続けているポンコツなジープニーをアカデミアの言葉で書くことはよくよく考えるとおかしなことだったのかもしれない。けれど、そうした世界から考えはじめてみることは、様々な疑問に私を導いてくれた。ジープニーの調査を進めるうちに、Ａのことを話していたら気づいたらＢのことについて語っている、そういうことは多々あった。数えきれない会話と対話、それを反芻するなかで本書は出来上がっていた。私と関わってくれたオーナーやドライバーには、ただただ感謝しかない。そして、そんな酩酊状態のような私の話を聞いてくれた友人たちにもとても感謝している。また、調査に際しては、松下幸之助記念志財団からの助成を受けた。記して御礼申し上げます。

著者紹介
西尾善太（にしお　ぜんた）
1989 年、岐阜県中津川市生まれ。
京都大学大学院アジア・アフリカ地域研究研究科博士課程修了。博士（地域研究）。
現在、立命館大学大学院先端総合学術研究科特別研究員（PD）。
主な著作に、「分断都市マニラにおける「公共性」の地層：生活インフラストラクチャーとしてのジープニー」（京都大学大学院　アジア・アフリカ地域研究研究科博士論文、2021 年）、「再定住という生き方：マニラ首都圏における災害管理事業とスラム住民のエージェンシー」（年報人類学研究、2020 年）などがある。

ジープニーに描かれる生　フィリピン社会にみる個とつながりの力

2022 年 10 月 15 日　印刷
2022 年 10 月 25 日　発行

著　者　西尾善太

発行者　石井　雅
発行所　株式会社　風響社

東京都北区田端 4-14-9（〒 114-0014）
Tel 03（3828）9249　振替 00110-0-553554
印刷　モリモト印刷

ISBN978-4-89489-812-7　C0039